AF299166

CATALOGUE

DE

LIVRES ANCIENS

LIVRES MODERNES

GRAVURES ANCIENNES, GRAVURES MODERNES

DE TOUS STYLES ET DE TOUTES ÉPOQUES

DÉCORATIONS — ARCHITECTURE — FÊTES
PUBLIQUES — ORFÈVRERIE — MEUBLES — BRONZES — ORNEMENTS
COSTUMES — TYPOGRAPHIE, ETC.

SUITE DE GRAVURES DES XVIIIe ET XIXe SIÈCLES
POUR ILLUSTRATIONS LITTÉRAIRES

DESSINS ANCIENS ET DESSINS MODERNES

LIVRES A VIGNETTES DU XVIIIe ET DU XIXe SIÈCLE

COMPOSANT LE CABINET DE M. E. L. C***.

ARCHITECTE DÉCORATEUR

Dont la vente aux enchères publiques aura lieu

HOTEL DES COMMISSAIRES-PRISEURS, RUE DROUOT, N° 9

SALLE N° 4

Les Lundi 8 et Mardi 9 Mai 1882

A DEUX HEURES TRÈS PRÉCISES

Par le ministère de Me **E. LECOCQ**, Commissaire-Priseur,
20, rue de la Victoire, 20.

Assisté de **M. CLEMENT**, Marchand d'Estampes de la Bibliothèque Nationale,
rue des Saints-Pères, 3.

PARIS. — 1882

CONDITIONS DE LA VENTE

La vente se fera au comptant.

Les acquéreurs payeront *cinq pour cent* en sus du prix d'adjudication.

L'expert pourra réunir ou diviser les lots à son gré.

ORDRE DES VACATIONS

Lundi 8 Mai. — Numéros.............. 1 à 246

Mardi 9 — — Numéros.............. 247 à la fin.

DÉSIGNATION

LIVRES

SUR L'ARCHITECTURE ET LES BEAUX-ARTS

1 — **Albert.** — L'architecture et art de bien bastir du Seigneur Léon Baptiste Albert, gentilhomme florentin, divisée en dix livres. A Paris, par Jacques Kerver, 1523. 1 vol. petit in-fol. demi-rel. mar. vert fig. gravées sur bois. Les premiers feuillets restaurés.

2 — **Albertolli.** — Alcune decorazioni di nobili sale ed altri ornamenti di Giocondo Albertolli professore nella reale accademia delle belle arti in Milano, incisi da Giacomo Mercoli e da Andrea de Bernardis, 1787. 1 vol. in-fol. demi-rel. mar. brun.

3 — **Architecture** moderne ou l'art de bien bâtir pour toutes sortes de personnes, tant pour les maisons des particuliers que pour les Palais... A Paris, chez Claude Jombert, 1728. 2 vol. in-4, vélin. 1 vol. de texte et 1 vol. de planches.

4 — **Asselineau.** — Meubles religieux et civils conservés dans les principaux monuments et musées de l'Europe, ou choix de reproductions des plus remarquables spécimens exécutés pendant le cours du moyen âge à Louis XVI. Dessins par Asselineau, texte par Daniel Ramée. Paris, à la librairie d'architecture de A. Levy, 1864, 2 vol. in-fol. demi-rel. mar. rouge.

5 — **Baldus**. — Palais du Louvre et des Tuileries, motifs de décorations tirés des constructions exécutées au nouveau Louvre et au Palais des Tuileries sous la direction de M. H. Lefuel architecte de l'empereur. Héliogravure par E. Baldus. 2 vol. in-fol. demi-rel. mar. vert, dos et coins.

6 — Recueil d'ornements d'après les maîtres les plus célèbres des xv, xvi, xviie, et xviiie siècles. Héliogravure par Edouard Baldus 1866. 1 vol. in-fol. demi-rel. mar. brun, dos et coins.

7 — **Barbet**. — Livre d'architecture d'Autels et de cheminées, dédié à Monseigneur l'Eminentissime Cardinal duc de Richelieu, de l'invention et dessein de J. Barbet, 1641. Vingt-neuf feuilles en 1 vol. petit in-fol. cart.

8 — **Bardin**. — Notes et croquis de Géométrie descriptive par Bardin; deuxième édition. Paris, chez L Mathias. 1837. 1 vol. in-fol. demi-rel. veau.

9 — **Berain**. — Fac-similé des œuvres de Jean Berain, dessinateur ordinaire de Louis XIV, par Midart dessinateur. Paris, Dunod, sans date. 1 vol. in-fol. cartonné contenant soixante-dix planches.

10 — **Beroaldi** (F.) Theatrum instrumentorum et machinarum Jacobi Bessoni Delphinatis, Mathematici ingeniosissimi, cum Francisco Beroaldi figurarum declaratione demonstrativa... Lugduni apud Barth. Vincent 1582. 1 vol. in-fol. demi-rel. bas. fig. par Audrouet-Ducerceau.

11 — **Bibiena**. — Architetture, e prospettive dedicate alla maesta di Carlo Sesto imperador de Romani da Giuseppe Galli Bibiena, suo primo ingegner teatrale, ed architetto inventore delle medesime. Parisiis, apud Basan. 1 vol. in-fol. contenant cinquante planches et un titre.

12 — **Blondel**. — Cours d'architecture, ou traité de la décoration, distribution et construction des bâtiments, par J. F. Blondel. Paris, 1771-1777. 9 vol. in-8, veau et demi-rel. veau.

13 — De la distribution des maisons de Plaisance, et de la décoration des édifices en général, par Jacques François.

Blondel. (Tome second.) Paris, Ch. Ant. Jombert, 1738.
1 vol. in-4, veau figures.

14 — **Blondel**. — Profils et ornements de vases exécutez en marbre, bronze et plomb, dans les jardins de Versailles, Trianon et Marly, gravés par Marie Michelle Blondel, vingt-trois pièces et un titre, reliés en 1 vol. in-fol. demi-rel. mar. brun.

15 — **Bocklern**. — Architectura curiosa nova, exponens fundamenta hydragogico, indolemque aquæ æris interventu in altum lavandæ... per Georg. Andr. Bocklern, in latinam linguam translata a Christ. Sturmio. Norimbergæ, apud Paulum Fursten (1664). 1 vol. petit in-fol. vélin fig.

16 — **Bocklern**. — Nova architectura curiosa... par Georg. Andream Bocklern, architecte et ingénieur. Nuremberg. 1704. Quatre parties en 1 vol. in-fol. demi-rel. vel. fig.

17 — **Boillot**. — Nouveaux pourtraitz et figures de Termes pour user en l'architecture, composez et enrichiz de diversité d'animaulx, représentez au vray, selon l'antipathie et contrariété naturelle de chacun d'iceulx, par Joseph Boillot... Imprimé à Lègres par Jehà des Prey. S. D. 1 vol. petit in-fol. vélin. fig. gravées sur bois.

18 — **Bourgoin**. — Les arts arabes, architecture, menuiserie, etc., avec une table descriptive et explicative et le trait général de l'art arabe, par Jules Bourgoin. Paris, veuve A. Morel. 1873, 1 vol. in-fol. demi-rel. mar. bleu. dos et coins.

19 — **Boyvin** (René). Livre de la conqueste de la Toison d'or par le prince Jason de Tessalie : faict par figures avec exposition d'Icelles. A Paris, avec privilège du Roy. 1563. 1 vol. in-fol. oblong. vélin.
Très bel exemplaire complet en vingt-six planches et quatre feuilles de texte.

20 — **Braun**. — Matériaux pour les dessinateurs d'étoffes, de papiers peints et autres. 1 vol. in-fol. cartonné.

21 — **Briseux**. — Traité du beau essentiel dans les arts, appliqué particulièrement à l'architecture, et démontré

physiquement et par l'expérience, avec un traité des proportions harmoniques... par le sieur C. E. Briseux. Paris, 1752. 2 vol. grand in-4. veau, fig.

22 — **Bullet**. — Architecture pratique... par M. Bullet... nouvelle édition, revue et augmentée. A Paris, par la compagnie des libraires, 1774. 1 vol. in-8, veau marbré, fig.

23 — **Burgmaier**. — Images de Saints et Saintes issus de la famille de l'empereur Maximilien 1er en une suite de cent dix-neuf planches gravées en bois par différents graveurs d'après les dessins de Hans Burgmaier. Vienne. 1799. 1 vol. in-fol. vélin.

24 — **Le Cabinet** des beaux-arts, ou recueil d'estampes, gravées d'après les tableaux d'un plafond où les beaux-arts sont représentés avec l'explication de ces mêmes tableaux 1690. 1 vol. in-4, obl. veau.

25 — **Campen**. — Afbeelding van' t stadt huys van Amsterdam, in dartigh coopere Plaaten geordineert door Jacob Van Campen... Amsterdam, 1661, 1 vol. in-fol. vélin, fig.

26 — **Cauvet**. — Recueil d'ornemens, dédié à Monsieur, en l'année 1777. 1 vol. in-4, demi-rel. mar. vert. contenant cent douze photographies d'après l'œuvre de Cauvet.

27 — **Carrier-Belleuse**. — Photographies d'après les compositions du maître, quarante-trois pièces reliées en 2 vol. in-fol. cartonnés.

28 — **Cartes** des canaux d'Orléans de Briare et de Loing, gravées par ordre de son altesse serenissime, Monseigneur le duc d'Orléans. 1 vol. in-fol. veau avec armoiries sur les plats.

29 — **Chambers**. — Plans, elevations, sections, and perspective views of the gardens and buildings at kew in surry, the seat of her royal highness, the princesse Dowager of wales, by William Chambers... London, 1763. — Desseins des édifices, meubles, habits, machines et ustensiles des Chinois, gravés sur les originaux dessinés à la Chine, par Chambers. A Londres, 1757, 2 parties en 1 vol. in-fol. veau. Très bel exemplaire.

30 — **La Chau** (de) **et Le Blond.** — Description des principales pierres gravées du cabinet du duc d'Orléans. Paris, 1780-84, 2 vol. petit in-fol. fig.

31 — **Chronique** de Nuremberg. Texte allemand, trad. par George Alt, Nuremberg, Coburger, 23 Decembr. 1493, 1 vol. in-fol. vélin, nombreuses fig. sur bois d'après Michel Volguemutz, maître d'Albert Durer.

32 — **David.** — Antiquités d'Herculanum, gravées par E. David, 1781, 1 vol. in-8, oblong. demi-rel. bas.

33 — **Daviler.** — Cours d'architecture qui comprend les ordres de Vignole, avec des commentaires, les figures et descriptions de ses plus beaux bâtimens, et de ceux de Michel-Ange,... avec une explication par ordre alphabétique de tous les termes par le sieur A. C. Daviler. A Paris, chez Jean Mariette. 1740, 2 vol. in-4, veau. fig.

34 — **Danckerts.** — Architectura moderna ofte bouwinge van onsen tyt bestaende in verscheyde soorten van gebouwen zoo gemene als bysondere, etc. Tot Amsterdam by Cornelis Dankerts. 1631, 1 vol. in-fol. vélin, fig.

35 — **Decker** (Paul). — Les triomphes de quatorze années de Léopold Ier, Joseph Ier, et Charles VI. Suite de cinquante-six planches, un titre et une feuille de texte, en 1 vol. in-fol. demi-rel. vélin.

36 — Architecture civile. Intérieurs de Palais, fontaines, etc. Augsburg. 1716, 1 vol. in-fol. veau.

37 — Furstlicher Baumeister, oder architectura civilis inventit durch Paulus Decker. Augsburg, Wolff. 1771, 1 vol, in-fol. cartonné, fig.

38 — **N. de fer.** — L'atlas curieux ou le monde dressé et dédié à Nosseigneurs les enfants de France par leur très humble et très obéissant serviteur N. de fer. A Paris, chez l'auteur. 1716, 1 vol. in-fol. oblong. vélin, le frontispice remonté, et les premiers feuillets mouillés.

39 — **Delafosse.** — Nouvelle Iconologie historique ou attributs hiéroglyphiques... dédié aux artistes par Jean Charles Delafosse. Amsterdam, sans date, 1 vol. in-fol. d.-rel. bas.

40 — Iconologie historique, 1 vol. in-fol. demi-rel. mar. brun. Exemplaire renfermant quatre-vingt-onze planches y compris le titre.

41 — **Delle Antichita** di Rimino libri due. In Venezia. 1741, 1 vol. in-fol. demi-rel. veau, fig.

42 — **Demortain.** — Les plans, profils, et élévations des ville et château de Versailles avec les bosquets, et fontaines, tels qu'ils sont à présent, levez sur les lieux, dessinez et gravez en 1714 et 1715. A Paris, chez Demortain. 1 vol. in-fol. veau.

43 — **Description** de la grotte de Versailles. Paris. 1679. — Description de l'Escalier des Ambassadeurs à Versailles, texte relié en 1 vol. in-fol. cartonné.

44 — **Deseine.** — L'Ancienne Rome, la principale des villes de l'Europe, avec toutes ses magnificences et ses délices... divisée en quatre tomes, par le sieur François Deseine. A Leide, chez Pierre Vander Aa. 1713, 4 vol. in-8, veau, fig.

45 — Rome moderne, première ville de l'Europe avec toutes ses magnificences et ses délices... le tout divisé en six tomes par le sieur François Deseine. A Leide, chez Pierre Vander Aa. 1713, 6 vol. in-8, veau, fig.

46 — **Dorigny.** — L'histoire de l'amour et Psyché, d'après Raphaël, suite de douze pièces y compris le titre, gravées à l'eau-forte par Dorigny. 1693. — La galerie Farnèse d'après Annibal Carrache, titre et vingt-huit pièces, ces deux suites reliées en 1 vol. in-fol. oblong. veau.

47 — **Duhamel du Monceau.** — Traité des arbres fruitiers contenant leur figure, leur description, leur culture, etc., par M. Duhamel du Monceau... A Paris, chez Saillant et Desaint. 1768, 2 vol. grand in-4, veau, fig.

48 — **Falda.** — Le fontane di Roma nelle piazze, e luoghi publici della citta, con li loro prospetti, come sono al presente, disegnate, et intagliate da Gio Battista falda. Trois parties en 1 vol. in-fol. oblong. veau. A ces trois suites est ajouté ; le triomphe de l'Empereur, en onze planches avec titre.

49 — Fêtes. — La très admirable, très magnifique, et triumphante entrée, du très hault et très puissant Prince Philipes, Prince d'Espaignes, filz de Lempereur Charles V, ensemble la vraye description des spectacles, théâtres, archz triumphaulx, etc. Lesquels ont esté faictz et bastis à sa très désirée reception en la très renommée flori ssante ville d'Anvers, anno 1549. Imprimé à Anvers, pour Pierre Cœck d'Allost, libraire juré de l'Emperialle Maieste, par Gillis Van Diest, 1550, 1 vol. petit in-fol. cart., très belles figures gravées sur bois.

50 — Pompa triumphalis introitus Ferdinandi Austriaci, hispaniarum infantis, etc., in urbem Antverpiam, excudebat Joannes Meursius, anno salutis 1642, 1 vol. in-fol, veau avec armoiries sur les plats, figures d'après Rubens gravées par Van Thulden. Très bel exemplaire.

51 — L'Entrée triomphante de leurs majestez Louis XIV, roi de France et de Navarre, et Marie-Thérèse d'Autriche son épouse, dans la ville de Paris, capitale de leurs royaumes au retour de la signature de la Paix Générale et de leur heureux mariage, enrichie d'un grand nombre de figures, d'harangues et autres pièces considérables pour l'histoire. Le tout exactement recueilly par l'ordre de Messieurs de Ville. Les exemplaires se vendent à Paris, chez Pierre le Petit, Thomas Joly et Louis Bilain. 1 vol. in-fol., veau, renfermant les portraits du roi et de la reine, gravés par Sauvé.

52 — Courses de testes et de Bague faittes par le roy et par les princes et seigneurs de sa cour, en l'année 1662. A Paris, de l'imprimerie royale, 1670, 1 vol. in-fol. demi-rel. mar. bleu. fig. gravées par Chauveau. Exemplaire incomplet de la marche des cinq quadrilles et des maréchaux de Camp, gravée par Israel Silvestre.

53 — Le Sacre de Louis XV, roy de France et de Navarre, dans l'église de Reims, le dimanche XXV octobre 1722. (Orné de gravures par les plus grands artistes de l'époque). 1 vol. grand in-fol. veau marbré aux armes du roi. Très bel exemplaire.

54 — Représentation des fêtes données par la ville de Strasbourg pour la convalescence du roi ; à l'arrivée et pendant le séjour de Sa Majesté en cette ville, inventé, dessiné et dirigé par J. M. Weis, imprimé par Laurent Aubert à Paris. 1 vol. in-fol. veau aux armes royales (Padeloup).

55 — Le même livre, 1 vol. in-fol. demi-rel. veau.

56 — Description des festes données par la ville de Paris, à l'occasion du mariage de Mme Louise Elisabeth de France, et de Dom Philippe, infant et grand amiral d'Espagne, les vingt-neuvième et trentième aout mil sept cent trente-neuf. A Paris, 1740, 1 vol. in-fol. veau, aux armes de la ville de Paris.

57 — Fêtes publiques données par la ville de Paris à l'occasion du mariage de Monseigneur le Dauphin, les 23 et 26 février 1745. 1 vol. in-fol. demi-rel. vélin. Très bel exemplaire.

58 — **Festa.** — Fatta in Roma, Alli 25 di febraio, 1634. Edata in luce da vitale marcardi, in Roma con licenza de Superiori. S. D, 1 vol. in-4, veau, figures gravées à l'eau-forte.

59 — **Esequie** del serenissimo Ferdinando II, gran duca di Toscana celebrate in Firenze dal serenissimo gran duca Cosimo III, descritte da Manfredi Macigni... In Firenze, 1671, 1 vol. in-4, cart. fig.

60 — **Ferrerio et Falda.** — Palazzi di Roma de piu celebri architetti disegnati da Pietro Ferrerio pittore et architetti. — Nuovi disegni dell'architetture e Piante de Palazzi di Roma de piu celebri architetti, designati, et intagliati da Gio Battista falda. Deux parties en 1 vol. in-fol. veau marbré.

61 — **Flaxman.** — Œuvres de John Flaxman sculpteur Anglais, comprenant : l'Iliade d'Homère, l'Odyssée d'Homère. Les Tragédies d'Eschyle, l'œuvre des jours et la Théogonie d'Hésiode, auxquelles on a joint les tragédies de Sophocle, par Giacomelli ; cent quarante-neuf planches, avec explication. Paris, Bance aîné, S. D., 1 vol., in-fol. broché, figures gravées au trait.

62 — **Francine**. — Livre d'architecture, contenant plusieurs portiques de différentes inventions sur les cinq ordres de colonnes, par Alexandre Francine. A Paris, chez Melchior Tavernier, 1640. 1 vol. in-fol., demi-rel., veau fig.

63 — **Giardini**. — Promptuarium artis argentariæ ex quo, centum exquisita studio inventis, delineatis ac in ære incisis tabulis propositis elegantissimæ, ac inumeræ e duci possunt ideæ ad cujuscumque generis vasa argentea ac aurae invenienda, ac conficienda... invenit, ac delineavit Joannes Giardini. Romæ, anno 1750, 1 vol. in-f., demi-rel. veau, contenant cent planches modèles d'argenterie, divisée en deux parties et deux titres.

64 — **Girardon** — La Galerie de Girardon, sculpteur du roi et quelques feuilles du musée des Petits-Augustins. Vingt-trois pièces en 1 vol. in-fol., cartonné.

65 — **Gobille**. — Les figures de la vie de Jésus-Christ, par J. Jouvenet, 1726, gravé par Pierre Gobille, vingt-cinq pièces en 1 vol. in-fol., broché.

66 — **Godefroid-Ume**. — L'Art décoratif, modèles de décoration et d'ornementation de tous les styles et de toutes les époques, choisis dans les œuvres des plus célèbres artistes. Charles Claesen, graveur éditeur, Liège, sans date. 1 vol. in-fol., demi-rel., mar. violet.

67 — **Heré**. — Recueil des plans et coupes, tant géométrales qu'en perspective, des châteaux, jardins, et dépendances que le roy de Pologne occupe en Lorraine, y compris les bâtiments qu'il a fait élever... Le tout dirigé et dédié à sa Majesté, par M. Heré, son premier architecte. Se vend à Paris, chez François, graveur... Deux parties en 1 vol. in-fol., demi-rel., mar. violet. Bel exemplaire, les premières feuilles un peu tachées.

68 — **Histoire** de l'Hôtel royal des Invalides, où l'on verra les secours que nos rois ont procurés dans tous les temps aux officiers et soldats hors d'état de servir, par M. J.-J. Granet, enrichie d'estampes représentant les plans, coupes et élévations géométrales de ce grand édifice. Paris, chez

Guillaume Desprez, 1736, 1 vol. in-fol., veau fig., dessinées et gravées par Cochin.

69 — **Hulesen** (Esaias van). — Chars, cavalcades, costumes,
etc., titres ornementés, etc., 1618. 1 vol. in-fol., oblong
cartonné.

70 — **Jacquemin**. — Iconographie générale et méthodique
du costume du ive au xixe siècle, collection gravée à l'eau-
forte, d'après des documents authentiques et inédits, par
Raphaël Jacquemin. Paris, chez l'auteur, sans date. 2 vol.
in-fol., demi-rel., mar. vert, dos et coins.

71 — **Jeaurat**. — Traité de perspective à l'usage des artistes..., par M. Edme-Sébastien Jeaurat. Paris, Ch. Ant.
Jombert, 1750. 1 vol. in-4, v. m. fig.

72 — **Journaux**. — L'Art pour tous, les six premières
années, et la huitième, 7 vol. grand in-4, dont six en demi-
rel., bas. et un cartonné.

73 — **Kleiner**. — Représentation au naturel des châteaux
de Weissenstein au-dessus de Pommersfeld, et de celui de
Geubach, appartenant à la maison des comtes de Schon-
born..., dessinez sur les lieux par le sieur Salomon Kleiner. Augsbourg, 1728. 1 vol. in-fol. oblong, demi-rel.
veau.

74 — **Lavallée-Poussin**. — Nouvelle collection d'arabesques propres à la décoration des appartements, dessinées
à Rome, par Lavallée-Poussin et autres célèbres artistes
modernes et gravées par Guyot, notice par Alexandre Le
Noir. Paris, chez Treutel et Wurtz. 1 vol. grand in-4, de-
mi rel. bas.

75 — **Le Brun**. — Recueil de fontaines des jardins de Versailles, dix pièces dont un frontispice, reliées en 1 vol. in-
fol. oblong. cartonné.

76 — **Lenardi**. — Ragguaglio della solenne comparsa, fatta
in Roma gli otta di Gennaio, 1687, dall' illustrissimo, et
excelentissimo signor conte di Castelmaine ambasciadore
straordinaria della sacra real maesta di Giacomo secondo...
In Roma. S. D. 1 vol. in-fol. vélin, fig.

77 — **Lenoir**. — Recueil de gravures pour servir à l'Histoire des arts en France, prouvée par les monuments, publié par Alexandre Lenoir. A Paris, chez l'auteur, 1812. 1 vol. in-fol. demi-rel. mar. vert.

78 — **Le Noir le Romain**. — Recueil de six planches, plans et élévation de l'Hôtel de Berbisey, à Dijon, gravées par L. Monnier, en 1 vol. in-fol. cartonné.

79 — **Lepaultre**. — Trophées médalliques des seigneurs de Rostaing, dediez au génie du grand Charles, Marquis et comte de Rostaing, par Henri Chesneau, 1661. Seize pièces gravées par Lepôtre, en 1 vol. in-fol., veau avec fers sur les plats.

80 — Cent quarante-huit pièces de l'œuvre de Lepautre, renfermées en 1 vol. in-fol. demi-rel. veau.

81 — Trois cent-trente pièces de l'œuvre de Lepautre, réunies en 1 vol. in-fol., demi-rel. veau.

82 — La Grotte de Versailles, anciens bains d'Apollon, ensemble, plans, coupes, détails. Escalier des Ambassadeurs, ensemble, plans, coupes, détails. Planches montées avec grand soin, très bon état.

83 — **Lepautre**. — Les œuvres d'architecture d'Anthoine Lepautre, architecte ordinaire du Roy, 1642, 1 vol. in-fol. demi-rel. vélin., fig.

84 — **Lièvre** (Édouard). — Les arts décoratifs à toutes les époques, par Édouard Lièvre. Paris, veuve A. Morel et Cie, 1870. Deux tomes en 1 vol. in-fol., demi-rel. mar. brun, dos et coins.

85 — Les collections célèbres d'œuvres d'art, dessinées et gravées d'après les originaux, par Édouard Lièvre, avec texte. Paris, Goupil et Cie, 1866. 1 vol. in-fol., demi-rel. mar. vert, dos et coins.

86 — Works of art in the collections of England drawn by Edouard Lièvre, author of Collections célèbres d'œuvres d'art en France, and engraved by Bracquemond, Courtry, Flameng, Greux, Le Rat, Lhermitte, J. Lièvre, Muzeller, Rajon, Randall and Valentin. Holloway and son. S. D. 1 vol. in-fol. en portefeuille.

87 — **Marillier.** — Nouveaux trophées ou cartouches représentant les arts et les sciences, composés avec les attributs qui les caractérisent, inventés et dédiés à M. Morlot peintre, par son élève et son ami Marillier. A Paris, chez Mondhare, sans D. Treize pièces en 1 vol. in-fol. cartonné.

88 — **Marolois.** — Perspective contenant la théorie et practique d'icelle, par Sam. Marolois. A la Haye, chez Henri Hondius, 1614. — Perspective. Cinquième partie de Joan Vredem Vriese, augmentée et corrigée en divers endroits, par Samuel Marolois, 1616. — Perspective. Sixième partie de Joan Vredem Vriese, augmentée et corrigée en divers endroits, par Marolais, 1616. Trois parties en 1 vol. in-fol. oblong, vélin.

89 — **Marot** (J.). Plans, coupes et détails de l'Hôtel royal des Invalides. Vingt-trois pièces reliées en 1 vol. grand in-fol. mar. rouge.

90 — Petit œuvre d'architecture de Jean Marot, architecte et graveur ou recueil des plans, élévations et coupes, etc. A Paris, rue Dauphine, chez Charles-Antoine, Jombert 1764. 1 vol. in-4, veau mar.

91 — **Massé.** — La grande galerie de Versailles et les deux salons qui l'accompagnent, peints par Charles Le Brun, premier peintre de Louis XIV, dessinés par J. B. Massé et gravés sous ses yeux par les meilleurs maîtres du temps. A Paris, de l'imprimerie royale, 1732. 1 vol. grand in-fol., veau. Très bel exemplaire.

92 — **Merken** (Johan). Libres artifices des alphabets, entrelacs, portraits, devises, dessins de broderies, silhouettes. Mulheim, 1785. 2 vol. in-fol. oblongs. Texte allemand, manque les premiers feuillets du tome 1.

93 — **Meyer.** — l'Architecture ou démonstration de toute sorte d'ornements… inventé par le fameux Daniel Meyer, peintre de la ville de Francfort. A Heydelberg, chez Louis Bourgeat, 1664. 1 vol. in-4, contenant quarante-neuf planches et un titre, cartonné.

94 — **Mitelli**. — Cartouches et ornements. Suite de vingt-trois pièces en 1 vol. in-4, cartonné. Très belles épreuves.

95 — **Montfaucon**. (D. Bern. de). — L'Antiquité expliquée et représentée en figures... Paris, 1719, 10 vol. in-fol. veau, fig. et portrait.

96 — **De Neufforge**. — Recueil élémentaire d'architecture qui présente des cheminées, plafonds, bordures.... composé par le sieur de Neufforge. Paris, 1757. Tome V, 1 vol. in-fol., veau marbré.

97 — **Nouvelle** méthode pour apprendre à dessiner sans maître, où l'on explique par de nouvelles démonstrations les premiers éléments et les règles générales de ce grand art... le tout accompagné de quantité d'exemples, de plusieurs figures académiques dessinées d'après nature et des proportions du corps humain d'après l'antique, enrichi de cent vingt planches, A Paris, chez Charles-Antoine Jombert, 1740, 1 vol. in-4, demi-rel. veau., fig. par Cochin.
— Le même livre, même édition, rel. veau, fatiguée.

98 — **Ortellius**. — Théâtre de l'univers, contenant les cartes de tout le Monde, avec une brième déclaration d'icelles, par Abraham Ortellius, 1587. 1 vol. in-fol., mar. rouge. Le titre et les premiers feuillets en mauvais état.

99 — **Patte**. — Monuments érigés en France à la gloire de Louis XV... par M. Patte. Paris, 1765. 1 vol. in-fol., veau, figures.

100 — **Percier et Fontaine**. — Résidences de souverains; parallèle entre plusieurs résidences de souverains de France, d'Allemagne, de Suède, de Russie, d'Espagne et d'Italie, par C. Percier et P. F. L. Fontaine. Paris, 1833, 1 vol. grand in-4, demi-rel., mar. vert.

101 — **Perreti**. — Exercitatio alphabetica nova et utilissima, variis expressa linguis et characteribus; raris ornamentes, umbris, et recessibus, picture architecturæque peciosa : nusquam ante hac edita. Clementis Perreti. Bruxellani... Anno 1569. 1 vol. in-fol. oblong. Contenant trente-quatre planches en très belles épreuves, remontées.

102 — **Pfnor.** — Le Mobilier de la Couronne et des grandes collections publiques et particulières du xiiie au xixe siècle, mobilier civil, mobilier religieux, meubles, tentures, tapisseries, bronzes et objets d'art de toutes les époques accompagnés de dessins, grandeur d'exécution, par Rodolphe Pfnor. Paris, sans D. 1. vol. grand in-4, demi-rel., mar. brun, dos et coins.

103 — **Picart** (Bernard). — Taferereel of beschryving van den prachtigen tempel der Zang-Godinnen, Vertoond in Lx. beerlike kunst stukken behelzende alle de voornaemste geschiedenissen van de fabel-Oudheid, Getekenden int Koper gebragt, door Bernard Picart, le Romain. Amsterdam, 1733. 1 vol. in-fol., veau, fig.

104 — **Piranesi.** — Colonne trajane et sujets divers d'architecture, 26 feuilles brochées.

105 — **Plans**, coupes et élévations du Palais du Louvre et des Tuilleries, ornements de peinture et de sculpture qui sont dans la galerie d'Appollon et dans les grands appartements des Tuileries, inventez et gravez par Berain, Chauveau et le Moine. Trente-neuf pièces en 1 vol. grand in-fol., mar. rouge.

106 — **Plantes** marines naturelles collées sur papier, 24 feuilles reliées en 2 vol. demi-rel., mar. vert.

107 — **Ponce.** — Les Illustres Français ou tableaux historiques des grands hommes de la France. Paris, 1787. Quinze pièces gravées par Ponce, d'après Mariller, reliées en 1 vol. in-fol., demi-rel.

108 — **Porro.** — Imprese illustri di diversi coi discorsi di Camillo Camilli, et con le figure intagliate in rame di Girolamo Porro... Appresso Francesco Ziletti, in Venetia, 1536. Deux parties en 1 vol. in-8, vélin, fig.

109 — **Pouillet.** — Eléments de physique expérimentale et de météorologie, par C. S. M. M. R. Pouillet. Paris, Béchet, 1827-1829. 2 vol. in-8, rel. toile.

110 — **Pozzo.** — Prospettiva de pittori e architetti, d'Andrea Pozzo, della compagnia di Giesu. In Roma, 1693. 1 vol. in-fol. vélin, fig.

111 — Pugin. — Examples of Gothic architecture ; selected from various ancient edifices in England ; consisting of plans, elevations, sections, and parts at large ; calculated to exemplify the various styles, and the practical construction of this admired class of architecture : accompagnied by historical and descriptive accounts. London, 1831-1836. 2 vol. in-4, cart.

112 — Quellinius. — La première partie de plusieurs figures et ornements de la maison de ville d'Amsterdam, le plus grand part faict d'marbre, d'Artus Quellinius, sculpteur de la ditte ville. Amsterdam, F. de Witt, 1665, 1 vol. in-fol., mar. rouge, figures. Le même livre contient : Afbeelding van't stadt huys van Amsterdam, in dartigh coopere Plaaten, geordeneert door Jacob van Campen. Amsterdam, F. de Widt.

113 — Queverdo. — Arabesques. Vingt-six pièces, reliées en 1 vol., cartonné.

114 — Racinet. — L'Ornement polychrome. Cent planches en couleurs or et argent contenant environ 2,000 motifs de tous les styles, art ancien et asiatique moyen âge, renaissance, xviie et xviiie siècles. Recueil historique et pratique, publié sous la direction de M. A. Racinet. Paris, librairie de Firmin Didot, frères, fils et Cie. 1 vol. in-fol., demi-rel. mar. vert.

115 — Raccolta di alcune facciate di Palazzi c Cortili de piu riguardevoli di Bologna. In Bologna, sans date, 1 vol. in-fol. oblong, demi-rel. veau. Contenant cinquante-neuf planches.

116 — Recueil d'Estampes, d'après les grands maîtres, publiées avec texte par Ch. Claesen, à Liège, 1 vol. in-fol., demi-rel. mar. brun.

117 — Recueil contenant cent vingt-cinq gravures, sceaux, médailles, masques antiques, costumes, etc., en 1 vol., grand in-4, cartonné.

118 — Recueil contenant deux cent-dix-sept gravures, vues de châteaux, de villes, de monuments, plans, vases-bas-reliefs, etc., en 1 vol. grand in-4, cartonné.

119 — **Recueil** contenant cent quatorze pièces, dont seize feuilles meubles allemands du XVIIe siècle, deux feuilles par de Vriese, costumes par Hollar, nombreuses planches d'enfants, par divers, cadres et meubles, broderies, titres, etc., en 1 vol. in-fol., cartonné.

120 — **Recueil** contenant cent deux photographies d'après l'œuvre de Lalonde. 1 vol. in-fol., cartonné.

121 — **Recueil** de soixante-trois photographies, alphabets et lettres ornées en 1 vol. in-fol. demi-rel. mar. brun, dos et coins.

122 — **Recueil** de photographies d'après les peintures du Carrache de la Gallerie Farnèse, six pièces en 1 vol. in-fol. cartonné.

123 — **Recueil** de photographies d'après les peintures de Michel-Ange à la Chapelle Sixtine. Treize pièces en 1 vol. in-fol. cartonné.

124 — **Réveil.** — Musée de peinture et de sculpture ou recueil des principaux tableaux, statues et bas-reliefs des collections publiques et particulières de l'Europe, dessiné et gravé à l'eau-forte par Réveil, avec des notices descriptives, critiques et historiques par Louis et René Ménard. Paris, veuve A. Morel, 1872, 10 vol. in-8, demi-rel. mar. Lavallière, fig.

125 — **Réveil.** — Œuvres de J. A. Ingres, membre de l'Institut, gravées au trait sur acier, par A. Réveil 1800-1851. Paris, chez Firmin Didot, 1851 1 vol. in-4, cartonné.

126 — **Ribart de Chamoust.** — L'ordre trouvé dans la nature, présenté au roi le 21 septembre 1776, par M. Ribart de Chamoust, orné de planches gravées d'après les dessins de l'auteur. A Paris, aux dépens de l'auteur, 1783. 1 vol. in-fol., demi-rel. mar. rouge, fig.

127 — **Ridinger.** — Les fables d'Esope. Suite de seize estampes avec texte en allemand, latin et français. Augsbourg, 1744. 1 vol. in-fol. cart.

128 — **Ripa.** — Iconologia overo discrittione di diverse imagini cavate dall' antichita et di propria inventione ; trovate

e dichiarate da Cesare Ripa Perugino... in Roma, 1603. 1 vol. grand in-8 demi-rel. fig., sur bois.

129 — **Sadler.** — Boni et Mali scientia et quid ex horum cognitione à condito Mundo succræverit declaratio ad serenissimum illustrissimumque principem DD. Franciscum Mariam de Ruvere 1583. 1 vol. in-4 oblong, veau, trente-trois planches gravées par Sadeler.

130 — **Saint-Non.** — Recueil de Griffonis, de vues, paysages, fragments antiques et sujets historiques gravés tant à l'eau-forte qu'au lavis, par M. l'abbé de Saint-Non, amateur honoraire de l'Académie royale de peinture d'après différents maîtres des écoles italiennes et de l'école française. 2 vol. in-fol. demi-rel. veau. Très bel exemplaire, non rogné.

131 — **Saint-Non** (Richard, abbé de). — Voyage pittoresque ou description des royaumes de Naples et de Sicile... Paris 1781-1786. 4 tomes en 5 vol. in-fol. demi-rel. veau, fig.

132 — **Salvator Rosa.** — Suite de soixante figures, études de militaires gravées à l'eau-forte, en 1 vol. in-8 demi-rel. mar. rouge, dos et coins.

133 — **Saraceno.** — Sebastiani Serlii Bononiensis de architectura libri quinque... A Joanne Carolo Saraceno... Venetiis, 1569. 1 vol. in-fol., vélin., fig. sur bois.

134 — **Scamozzi.** — L'Idea della architettura universale divincenzo scamozzi, architetto veneto. Nuremberg, 1678, 1 vol. petit in-fol. vélin, fig., texte allemand.

135 — **Scamozzi.** — Il forestiere istruito delle cose più rare di architettura e di alcune pitture della città di Vicenza; dialogo di Ottavio Bertotti Scamozzi... In Vicenza 1761 : 1 vol. in-4. Cartonné, fig.

136 — **Schille.** — Manière de bien bastir, édifier, fortifier et munir chasteaux, forteresses, etc... Antverpiae Gerardum de Iode, 1580, par M. Hans van Schille, ingénieur et géographe 1 vol. grand in-4, vélin.

Ce même volume renferme aussi les deux suites de différents ordres d'architecture de Vredeman de Vriese.

137 — **Schynvoets**. — Voorbeelden der Lusthof Cieraaden zynde vaasen pedestallen orangiebarken, blompotten enan dere byvoerken, etc. Te Amsterdam, by H. de Witt, 1 vol. in-fol. demi-rel. mar. rouge, contenant vingt-trois planches.

138 — Le même ouvrage en vingt-quatre planches, plus la première suite de vases par Duplessis fils, et deux autres feuilles de vases, par Aubert et Errard; en tout trente-deux pièces en 1 vol. in-fol. cart.

139 — **Séances** générales tenues à Dijon, en 1852, par la Société française pour la conservation des monuments historiques. Paris, 1853, 1 vol. in-8 cart., toile.

140 — **Silvestre** — Vues et plans des châteaux de Madrid, Saint-Germain, le collège des Quatre-Nations, Vincennes, Fontainebleau, le plafond du château de Sceaux, gravé par Audran, d'après Le Brun, etc. 29 pièces en 1 vol. grand in-fol. demi-rel. mar. rouge.

141 — **Solon**. — Inventions décoratives, choix de compositions et de motifs d'ornementation par L. Solon. Paris, A. Morel, 1866. 1 vol. in-fol. demi-rel. mar. vert, dos et coins.

142 — **Soria**. — Tabernacoli diversi novamente inventati da M. Giovanbatista montano milanese dati in luce da Giovanbatista Soria... In Roma, 1628, 1 vol. in-fol. demi-rel. mar. brun, fig.

143 — **Tapisseries** du roy où sont representez les quatre elemens et les quatre saisons avec les devises qui les accompagnent et leur explication. A Paris, chez Sébastien Mabre-Cramoisy, 1679, 1 vol. in-fol. veau, fig.

144 — **La Théorie** et la pratique du jardinage, ou l'on traite à fond des beaux jardins apellés communément les jardins de plaisance et de propreté, par L. S. A. I. D. A. A Paris, chez Jean Mariette, 1713, 1 vol. in-4, veau, fig.

145 — **Titres** et frontispices de livres, gravés sur bois et au burin de 1600 à 1700. Quarante-six pièces en 1 vol. in-fol. Cartonné.

146 — **Vaenio**. — Batavorum cum romanis bellum, à Corn.

Tacito lib. IV et V hist. olim descriptum figuris nunc ancis expressum, auctare Othone Vaenio Lugdunobatavo.. Antverpiae, 1612, 1 vol. in-4 obl. vélin, fig.

147 — **Versailles** illustrated, or views of the Several parts of the Royal Palace, of Versailles... London, John Bowles, 1726. 1 vol. grand in-8, cart., fig.

148 — **Verzameling** van alle de huizen en Gebouvven langs de Keizers en heeren-Grachten der stad Amsterdam. Te Amsterdam, by Bernardus Mourik. 1 vol. in-fol. cart.

149 — **Vignole.** — Reigle des cinq ordres d'architecture de M. Jaques Barozzio de Vignole avec une augmentation nouvelle de Michel Angelo Bonarotti. Amsterdam, 1642, 1 vol. in-fol., demi-rel. veau, fig.

150 — Règles des cinq ordres d'architecture de Jacques Barozzio de Vignole. Nouveau livre... le tout enrichi de vignettes et cartels dessinés et gravés par Babel. A Paris, chez Jacques Chereau, 1747, 1 vol. in-4 veau marbré, fig.

151 — Règles des cinq ordres d'architecture de Jacques Barozzio de Vignole. Nouveau livre; on y a joint un essai sur les mêmes ordres suivant le sentiment des plus célèbres architectes, le tout enrichi de vignettes et cartels ; dessinés et gravés par Babel. A Paris, chez Jacques Chereau, 1747, 1 vol. petit in-4, veau, fig.

152 — **Vingboons.** — Afbeeldsels der voornaemste gebovven uytalle die Philips Vingboons Geordineert beeft. Amsterdam, 1648, 1 vol. in-fol., broché.

153 — **Viollet-le-Duc.** — Dictionnaire du mobilier français de l'époque carlovingienne à la Renaissance, par M. Viollet-le-Duc. Paris, Bance, 1858. Six volumes in-8 demi-rel. mar. rouge.

154 — **Vriese.** — Variae architecturae formae a Joanne Vredemanni Vriesio magno artis huius studiosorum commodo inventae. Antverpiae, excudebat Theodorus Galaeus 1631, vingt-deux pièces, en 1 vol. in-fol. cartonné.

155 — Variae architecturae formae a Joanne Vredemanni Vriesio magno artis huius studiorum commodo inventae

Antverpiae, excudebat Theodorus Galaeus, 1631 suite de quarante-neuf pièces et un titre en 1 vol. in-fol., cart.

156 — Les cinq ordres d'architecture, Amsterdam, 1630, 1 vol. in-fol. vélin, texté allemand.

157 — Les Cariatides et termes. Suite de seize pièces et un titre réunis en 1 vol. in-fol., cartonné.

158 — Différents pourtraicts de menuiserie, asçavoir. Portaux bancs, escabelles, tables, etc., propres aux menuiziers et autres amateurs de telle science de l'invention de Jehan Vredeman, dict de Vriese, et mis en lumière par Philippe Galle. Seize pièces et un titre en 1 vol. in-fol., cartonné.

159 — Tombeaux. Huit planches reliées en 1 vol. in-fol. Cart.

160 — Les puits... dix-huit planches en 1 vol. in-fol., cartonné.

161 — Fontaines. Seize planches avec titre, 1568, en 1 vol. in-fol., cartonné.

162 — Panoplia seu armamentarium ac ornamenta cum artium ac opificiorum tum etiam exuviarum Martialium, qua spolia quoque aliis appellari consuevere. Antverpiæ, apud Theodorum Gallæum. Seize planches et un titre collés dans 1 vol. in-fol., cartonné.

163 — Architecture, ou bastiment, prins de Vitruve, et des anchiens escrivains, traictant sur les cinq ordres des Columnes... de nouveau mises en lumière et inventés par Jean Vredeman, Frison, anno 1577. Trente feuilles de texte et planches, en 1 vol. in-fol., cart.

164 — Les cinq ordres d'architecture. Six pièces reliées dans 1 vol. in-fol., cart.

165 — **Walker.** — The history and antiquities of the manor house and church at Great chalfield, Wiltshire; the property of sir Harry Burrard Neale, etc... Illustrated by twenty eight plates of plans, elevations, sections, parts : at large, and à perspective view..., accompanied by historical and descriptive accounts by Thomas Larkins Walker. London, 1837. 1 vol. in-4, cart.

LIVRES ILLUSTRÉS

DU XVIIIᵉ SIÈCLE ET AUTRES

166 — **Alciato**. — Diverse imprese accommodate à diverse moralita, con versi che i loro significati dichiarano. Tratte da gli emblemi dell' Alciato, in lione per Masseo Buonhomo, 1549. 1 vol. in-8 vélin, fig. gravées sur bois avec riches entourages ornementés ; quelques piqûres de vers.

167 — **Almanach** de Gœttingue pour l'année 1781. Chez J.-C. Dietrich. 1 vol. in-32, cart., fig. par Chodowiecki.

168 — Portefeuille de Gotha, pour l'année 1789, avec figures en taille-douce. Gotha chez Charles-Guillaume, Ettinger. 1 vol. in-32, cart.

169 — Calendrier de la Cour, tiré des éphémérides, pour l'année mil sept cent quatre-vingt-sept... Imprimé pour la famille royale et maison de Sa Majesté... Paris, veuve Hérissant, 1887. 1 vol. in-32, mar. rouge, aux armes du Roi.

170 — **Amman** (Jost). — Les différentes conditions ecclésiastiques, civiles et militaires des hommes, et les arts et métiers qu'ils exercent... Francfort, 1568. 1 vol. in-8, veau, figures gravées sur bois, texte allemand.

171 — **Amorum** emblemata, figuris æneis incisa studio Othonis voeni Batavo-Lugdunensis. Antverpiæ, 1608. 1 vol. in-8. obl. mar. rouge, fig.

172 — **Anacréon**, Sapho, Bion et Moschus. — Traduction nouvelle en prose, suivie de la veillée des fêtes de Vénus, et d'un choix de pièces de différents auteurs par M. M*** C*** A Paphos et se trouve à Paris chez Le Boucher, 1773. 1 vol. in-8, veau, fig. d'après Eisen.

173 — **Angola**. — Histoire indienne, ouvrage sans vraisemblance. Nouvelle édition, revue et corrigée... A Agra, 1751. Deux parties en 1 vol. in-18, veau marbré.

174 — **D'Arnaud**, œuvres. — Paris, chez Delalain et Le Jay,

1774, 1780. 9 vol. in-8, veau, fig., têtes de pages, culs-de-lampe d'après Eisen.

175 — Fanny ou la nouvelle Pamela, histoire anglaise. Troisième édition. A Paris, 1767. 1 vol. in-8 cartonné, figures d'après Eisen.

176 — **Barailon** (J.-F.). — Recherches sur les peuples cambiovicenses de la carte Théodosienne, dite de Peutinger, par J. F. Barailon. Paris, Dentu, 1806, 1 vol. in-8 mar. rouge, tranches dorées.

177 — **Beroalde.** — Le tableau des riches inventions couvertes du voile des feintes amoureuses, qui sont représentées dans le songe de Poliphile, des voilées des ombres du songe, et subtilement exposées par Beroalde. A Paris, chez Guillaumot, 1600. 1 vol. in-4, veau, fig. gravées sur bois.

178 — **Berquin.** — Romances par M. Berquin. A Paris, chez Ruault, 1776. 1 vol. petit in-8, veau, figures d'après Marillier.

179 — Idylles par M. Berquin, 1775. 1 vol. in-16, veau, avec un frontispice et douze figures, d'après Marillier.

180 — **Boileau-Despréaux.** — Œuvres de M. Boileau-Despréaux, nouvelle édition avec des éclaircissements historiques donnés par lui-même et rédigés par M. Brossette. Paris, David et Durand, 1747. 5 vol. in-8, veau marbré, fig., en-têtes de pages d'après Eisen.

181 — Le Lutrin, poème héroï-comique. 1 vol. in-8 cartonné, fig. par Cochin et en-têtes de pages d'après Eisen.

182 — **Boissard.** — Vitae et icones sultanorum turcicorum Persarum, etc., ab Osmane ad Mahometum II, omnia recens in aes incisa per Theod. de Bry. 1 vol. in-8 contenant quarante-sept planches avec texte. Edition publiée à Francfort, par J. Amman, en 1648, avec titre et texte allemand.

183 — **Castellamonte.** — La Venaria reale Palazzo di piacere et di caccia idiato dall al. reale di Carlo Em. II... disegnato, et descritto dal Conte Amedeo di Castellamonte, l'anno 1672. 1 vol. in-4, veau, fig.

184 — **Catalogue.** — Collection de S. A. le duc de Berwick et d'Albe. Tableaux par Velazquez, Murillo, Rubens, etc. Paris, 1877. 1 vol. in-4 avec eaux-fortes et photogravures.

185 — **Colardeau.** — Le temple de Gnide mis en vers par M. Colardeau. Paris, chez Le Jay, sans date. 1 vol. in-8, veau, fig. d'après Monnet.

186 — Il tempio di Gnido tradotto dal francese. In Londra, S. D., 1 vol. petit in 8, veau, figures.

187 — **Corneille.** — Théâtre de P. Corneille, avec des commentaires et autres morceaux intéressants. Nouvelle édition, augmentée. Genève, 1774. 8 vol. in-4, veau marbré, fig. d'après Gravelot.

188 — **Dactylologie** et langage primitif restitués d'après les monuments. Paris, 1850. — Eléments Carlovingiens linguistiques et littéraires. Paris, 1846. — Lecture littéraire des hiéroglyphes et des cunéiformes. Paris, 1853. 3 vol. in-4 brochés.

189 — **Diderot.** — Encyclopédie ou dictionnaire raisonné des sciences, des arts et des métiers, par une société de gens de lettres, mis en ordre par Diderot ; et, quant à la partie mathématique, par Dalembert. Paris, 1751-72. 28 vol. in-fol., dont onze de planches, cartonnés. Les volumes de texte sont reliés en veau marbré.

190 — **Dorat.** — Les Baisers précédés du mois de Mai, troisième édition. A la Haye, et se trouve à Paris, chez Lambert et Delalain, 1770, 1 vol. in-8, veau, fig. d'après Eisen.

191 — La Déclamation théâtrale, poème. Paris, Sébastien Jarry, 1776. 1 vol. in-8 cartonné, figure d'après Eisen. Manque le titre.

192 — Mes nouveaux torts, ou nouveau mélange de poésies, pour servir de suite aux fantaisies. A Amsterdam, et à Paris, chez Delalain, 1775, 1 vol. in-8, veau marbré, fig. d'après Marillier.

193 — Mes fantaisies. Troisième édition, considérablement

augmentée. A la Haye, et se trouve à Paris chez Delalain, 1770, 1 vol. in-8 cart., frontispice et fleuron d'après Eisén.

194 — **Doré** (Gustave). — La sainte Bible, traduction nouvelle selon la Vulgate, par MM. J.-J. Bourasse et P. Janvier, chanoines de l'église métropolitaine de Tours, approuvée par Monseigneur l'archevêque de Tours, dessins par Gustave Doré, ornementation du texte par H. Giacomelli. Tours, Alfred Mame et fils, 1874. 2 vol. in-fol., cartonnés.

195 — L'Enfer de Dante Alighieri, avec les dessins de Gustave Doré; traduction de Pier-Angelo Fiorentino, accompagné du texte italien. Paris, librairie de L. Hachette et Cie, 1862. 1 vol. in-fol., cartonné.

196 — Le Purgatoire et le Paradis de Dante Alighieri, avec les dessins de Gustave Doré, traduction française de Pier-Angelo Fiorentino, accompagnée du texte italien. Paris, librairie de L. Hachette et Cie, 1858. Deux parties en 1 vol. in-fol. cartonné.

197 — Fables de La Fontaine, avec les dessins de Gustave Doré. Paris, librairie de L. Hachette et Cie, 1867. 2 vol. in-fol., cartonnés.

198 — Œuvres de Rabelais, texte collationné sur les éditions originales, avec une vie de l'auteur, des notes et un glossaire, illustrations de Gustave Doré. Paris, Garnier frères, 1873. 2 vol. in-fol., cartonnés.

199 — L'Ingénieux hidalgo Don Quichotte de la Manche, par Miguel de Cervantès Saavedra. Traduction de Louis Viardot, avec les dessins de Gustave Doré, gravés par Pisan. Paris, librairie de L. Hachette et Cie, 1863. 2 vol. in-fol. cartonnés.

200 — Atala, par le vicomte de Chateaubriand, avec les dessins de Gustave Doré. Paris, librairie de L. Hachette et Cie, 1863. 1 vol. in-fol. demi-rel. mar. rouge.

201 — **Duclos.** — Les Confessions du comte de ***, par feu M. Duclos, de l'Académie française. Neuvième édition. A

Amsterdam et Paris, 1776. 1 vol. grand in-8, avec 7 figures d'après Desrais.

202 — Acajou et Zerphile, conte. A Minutie, 1744. 1 vol. in-8, veau, fig. d'après Boucher.

203 — **Durer**. — La Passione di N.-S. Giesu Christo d'Alberto Durero di Noremberga... In Venetia, 1612. 1 vol. in-8, demi-rel., veau, gravures sur bois.

204 — **De Favre**. — Les Quatre heures de la toilette des Dames, poème érotique en quatre chants,... par M. de Favre. A Paris, chez Jean François Bastien, 1779. 1 vol. grand in-8, veau, fig. d'après Le Clerc.

205 — **Fénelon**. — Les Aventures de Télémaque fils d'Ulysse, par feu Messire François de Salignac, de la Mothe Fénelon... Nouvelle édition, conforme au manuscrit original et enrichie de figures en taille-donce. A Amsterdam et à Rotterdam, 1734. 1 vol. in-4, veau, fig. d'après B. Picart et Dubourg, portrait de Fénelon gravé par Drevet.

206 — **Gessner**. — Newidyls, by Salomon Gessner, with a letter to M. Fuslin, on landscape painting; and, the two friends of Bourbon, a moral tale, by M. Diderot. London, 1776. 1 vol. petit in-fol., veau, fig. de Gessner.

207 — **Gessner**. — Œuvres de Gessner. Paris, Dufart. S. D. 2 vol. in-8, veau marbré, fig.

208 — **Gravelot et Cochin**. — Iconologie ou traité des allégories, emblèmes. 1 vol. in-8, veau, contenant 93 planches avec texte.

209 — **Gueudeville**. — L'Eloge de la folie, traduit du latin d'Erasme, par M. Gueudeville. Nouvelle édition revue et corrigée sur le texte de l'édition de Basle, ornée de nouvelles figures, avec des notes, 1751, 1 vol. in-4, veau, fig. d'après Eisen.

210 — **Hayley**. (W.). — The triumphs of temper; a Poem; in six cantos, by William Hayley, esq. London, 1801. 1 vol. in-8, mar. r., fig. d'après Stothard.

211 — **Heidnischer**. — Gœtter und Gœttinnen præchtiger Aufezug, anno 1695. Gehalten in Dresden. Augsbourg,

Jeremias Wolff, 1718. 1 vol. in fol. obl. contenant dix-neuf planches sur le triomphe des dieux.

212 — **Holbein**. — La Danse des morts, dessinée par Hans Holbein, gravée sur pierre par Joseph Schlotthauer, professeur à l'académie de Munich, expliquée par Hippolyte Fortoul. Paris, Jules Labitte, sans date. 1 vol. in-8, demi-rel. bas.

213 — La Danse des morts. Basle, 1796. 1 vol. in-8, demi-rel. mar. rouge, figures gravées sur bois et texte allemand.

214 — La Grande danse macabre des hommes et des femmes, précédée du dict. des trois mors et des trois vifz, du débat du corps et de l'âme, et de la complaincte de l'âme dampnée. Paris, Baillière, sans date. 1 vol. in-4, demi-rel. mar. rouge, fig. sur bois.

215 — **Ioves**. — Pauli Iovii novocomensis episcopi nuçerini. Elogia virorum bellica virtute illustrium, septem libris iamolim ab Authore comprehenso... Petri Pernae typographi Basil. opera ac studio. 1596. 1 vol. in-fol. cart., figures gravées sur bois.

216 — **La Bruyère**. — Les Caractères de M. de La Bruyère. A Paris, chez David, 1750. 2 vol. in-12, veau, titres et frontispices gravés.

217 — **Laplonce-Richette**. — L'Histoire généalogique des dieux des anciens, recueillie de plusieurs autheurs Grecs et Latins, pour l'intelligence et explication des fables poétiques, par E. Laplonce-Richette. A Lyon, par Paul Frellon, 1623. 1 vol. in-8, veau, figures gravées sur bois.

218 — **Longus**. — Les Amours pastorales de Daphnis et Chloé, avec figures. A La Haye, chez Jean Neaulme, 1773. 1 vol. in-8, veau marbré.

219 — **Paul Mantz**. — Les chefs-d'œuvre de la peinture italienne, par Paul Mantz, ouvrage contenant vingt planches chromolithographiques, exécutées par F. Kellerhoven, trente planches sur bois et quarante culs-de-lampe et lettres ornées. Paris, librairie de Firmin Didot, 1870. 1 vol. in-fol., demi-rel. bas.

220 — **Mayer**. — Aventures et plaisante éducation du courtois chevalier Charles-le-Bon, sire d'Armagnac..., par M. de Mayer. A Amsterdam, et se trouve à Paris, 1785. 3 vol. in-12, cartonnés.

221 — **Moreau** (Adolphe). — Decamps et son œuvre, avec des gravures en fac-similé des planches originales les plus rares. A Paris, chez D. Jouaust, 1869. 1 vol. grand in-8, demi-rel. mar. vert, dos et coins.

222 — **Oppiani** Poemata de venatione et piscatione cum interreptatione latino et Scholiis.... Argentorati, 1786. 1 vol. in-4, demi-rel., veau.

223 — **Ortelli**. — Deorum dearumque capita ex antiquis numismatibus, Abrahami, Ortelli, Geographi regii collecta et historiaca narratione illustrata. A Francisco swertio. Antverpiense, 1612. 1 vol. in-8, veau, portraits avec entourages ornementés.

224 — **Le Parnasse** des dames. Deux tomes en 1 vol. in-8, demi-rel., fig. d'après Marillier.

225 — **Pesselier**. — Fables nouvelles par M. P***. Paris, chez Prault, 1748. 1 vol. in-8, veau, frontispice et fleuron d'après Eisen.

226 — **Pittoni**.— Imprese di diversi principi, duchi, signori, e d'altri personaggi, et huomini illustri. Novamente restampate con alcune stanze, sonetti di M. Lodovico dolce, 1602. In Venetia, 1 vol. in-4, vélin.

227 — **Polydoro Vergilio**. — Ligenthicher bericht der erfinder aller ding Nemlich... Francfort, sans date. 1 vol. in-8 vélin, avec la date de 1563, renferme un grand nombre de figures sur bois.

228 — **Pope** (A.). — Essai sur l'homme, par M. Alexandre Pope, traduction française en prose, par M. S***, nouvelle édition. A Lausanne, chez Marc Chapuis, 1762. 1 vol. in-4, veau, portraits et figures.

229 — **Racine** (Jean). — Œuvres de Jean Racine, avec des commentaires par M. Luneau de Boisjermain. Paris, de

l'imprimerie de Louis Cellot, 1768. 7 vol, in-8, veau marbré, figures d'après Gravelot.

230 — **Recueil** de planches pour la nouvelle édition du dictionnaire raisonné des sciences, des arts et des métiers, avec leur explication. A Neufchatel, 1779. 3 vol. in-4, veau, fig.

231 — **Regiæ** villæ poetice descriptæ, et regiae celsitudini Victoris Amedei II, Sabaudiae ducis.... dicate A'camello Maria Audiberto. Turin, 1711. 1 vol. petit in-4, vélin, figures.

232 — **Rogissart.** — Les délices de l'Italie ou description exacte de ce pays, de ses principales villes et de toutes les raretez qu'il contient, en trois tomes, par le Sr Rogissart, enrichis de figures en taille-douce. A Leide, chez Pierre Vander Aa. 1706. 3 vol. in-12, veau.

233 — **Rosset.** — L'Agriculture. Poème. A Paris, de l'Imprimerie royale, 1774. 1 vol. in-4, veau mar., fig. d'après Saint-Quentin et Loutherbourg.

234 — **Ruscelli.** — Le Imprese illustri del Sor Ieronimo Ruscelli [aggiuntovi nuovamte il quarto libro da Vincenzo Ruscelli da Viterbo. In Venetia, 1854. 1 vol. in-4, demi-rel., veau.

235 — **Sacy.** — La sainte Bible contenant l'ancien et le nouveau testament en français, avec des notes pour l'intelligence des endroits les plus difficiles, par M. le Maistre de Sacy, nouvelle édition. Paris, 1742. 14 vol. in-8, veau.

236 — **Sadeler.** — Environ 300 emblèmes gravés par Egidius Sadeler et dédiés à Maximilien d'Autriche. 1 vol. in-fol. vélin.

237 — **Saint-Lambert.** — Les Saisons, poème. A Amsterdam, 1769. 1 vol. in-8, veau, fig. d'après Leprince, fleuron et en-tête par Choffard.

238 — **Savary.** — Les Amours d'Anas-Eloujoud et de Ouardi, conte traduit de l'arabe, par M. Savary... A Bagdad, et se trouve à Paris, chez Onfroy, 1789. 1 vol. in-18, mar. rouge, avec ornements sur les plats.

239 — **Siméon**. — Observations antiques du seigneur Gabriel Siméon florentin. 1 vol. in-8, vélin. Exemplaire incomplet et en mauvais état.

240 — **Tasse**. La Gerusalemme liberata di Torquato Tasso, con le annotationi di Scipion Gentili, e di Giulio Guastavini, et li argomenti di oratio Ariosti, stampata per Giuseppe Pavoni and instanza di Bernardo Castello, in Genova, l'anno 1617. 1 vol. in-4, veau, fig.

241 — **Vecellio**. — Habiti antichi et moderni di tutto il mondo di Cesare Vecellio, précédés d'un Essai sur la gravure sur bois par M. Amb. Firmin Didot. Paris, typographie de Firmin Didot, 1859-1860, 2 vol. in-8, demi-rel. mar. Lavalière, fig.

242 — **Vico Enéas**. — Augustorum imagines aereis formis expressae vitae quoque earum dem breviter enarratae, signorum etiam, quae in posteriori parte numismatum effecta sunt ratio explicata, ab Ænea Vico Parmense. Lutetiae parisiorum, 1619. — Ex Libris commentariorum in vetera imperatorum romanorum numismata aenae vice Liber primus... Parisiis 1619. etc. Trois parties en 1 vol. in-8, veau. portraits.

243 — **Viel-Castel** (H. de). — *Poésies par le comte Horace De Viel-Castel. Paris, imprimerie de J. Claye, 1854, 1 vol. in-8 demi-rel.*

Curieux exemplaire, sur papier fort à grandes marges, illustré de dessins pour en-têtes, fleurons et entourages; d'un premier titre et d'armoiries par H. de Triquetti, dessins à l'encre; d'un second titre en couleur par Moulin; de trois aquarelles par Eug. Lami, quatre dessins à la plume par Hédouin, d'une aquarelle par Gigoux, une aquarelle par Anastasi, de trois aquarelles par Humbert, de quatre sépias pa Ivon. de deux aquarelles par T. Fragonard, de cinq aquarelles par E. Giraud. Tous ces dessins et aquarelles signés.

244 — Sous ce numéro, il sera vendu quelques livres non catalogués et quatorze volumes in-fol. de papier blanc.

ESTAMPES

247 — **Alberti**. — Les quatre Saisons, d'après Polydore de Caravage, figures décoratives par Bri et Vignon, onze pièces.

248 — **Aldegraver**. — Montant d'ornement, mascaron par un maître Italien, deux pièces.

249 — **Amiconi**. — Les Arts libéraux. Suite de six pièces in-fol. en largeur. Belles épreuves avec marges.

250 — **Amman et Delaune**. — Écusson et ornements pour joailliers, trois pièces.

251 — **Anonyme allemand**. — Riches intérieurs d'appartements XVIIe siècle, trois pièces.

252 — **Anonyme**. — Cabinet, construit de perles rapportées, XVIe siècle.

253 — **Anonyme**. — Les Fous. Grande pièce gravée sur bois, XVIe siècle.

254 — **Augrand** (P.). — La Brodeuse, — La Fileuse, — La Cardeuse, — La Marchande de radis, quatre pièces en couleur, d'après Dubrusle, Dusset et Lambert. Belles épreuves.

255 — **Babel**. — Entourages pour cartes, titres, etc., quatorze pièces.

256 — **Bachelier**. — Fleurs gravées par Choffard et Berthault, onze pièces. Très belles épreuves, rares.

257 — Culs-de-lampe en fleurs gravés sur bois par Papillon, tirés des fables de La Fontaine, seize pièces.

258 — **Baudouin** (d'après P. A.). — Le Midi, — Le Matin, — La Nuit, — Le Soir. Suite de quatre pièces, gravées par de Ghent. Belles épreuves.

259 — **Baur** (W.). — Sujets des guerres de religion, huit pièces.

259 *bis* — **Beatrizet** (N.). — La guerre des dieux, d'après B. Bandinelli.

260 — **Bella** (della). — Costumes, paysages et ornements, vingt-deux pièces.

261 — **Bella** (della). — Décors de théâtre, — Jeu des fables, frises d'ornements, quinze pièces.

262 — Banquet donné au prince Charles de Médicis, — Portrait de François de Médicis, deux pièces.

263 — **Berain.** — Panneaux, corniches, candélabres, catafalques, chaises à porteur, cheminées, chapitaux, etc, vingt-sept pièces.

264 — **Berain et Lacollombe.** — Détails de pièces ciselées et gravées pour arquebuserie, cinq pièces.

265 — **Bibiena.** — Grandes décorations, perspective extraordinaire, plafonds, colonnade, etc., douze pièces.

266 — **Bois** allemands des XVe et XVIe siècles, soixante pièces.

267 — **Bois.** — Figures avec ornements des XVe et XVIe siècles, cinquante-deux pièces.

268 — **Bois.** — Gravures sur bois par les maîtres allemands des XVe et XVIe siècles, soixante pièces.

269 — **Bosse et Callot.** — Les Gueux, — Œuvres de miséricorde, cinq pièces, copies.

270. — **Boucher** (d'après). — Fontaines rocaille, deux pièces.

271 — **Boucher fils.** — Petites et grandes arabesques, soixante pièces dont dix-huit modernes.

272 — **Boulle, B. Picart et Lepautre.** — Plafonds, carrosse, meubles, etc., dix-sept pièces.

273 — **Boyvin et Vico** — Corbeille à deux anses (R. D. 176), flambeaux, etc., cinq pièces.

274 — **Burgmair.** — Sujets de la vie de l'empereur Maximilien, dix-sept pièces.

275 — **Calame.** — Paysages, lithographiés, seize pièces.

276 — **Caraglio**. — Saturne, Mars, Vulcain, Hercule, etc., huit pièces.

277 — **Caricatures** politiques époque 1830, par Daumier, Decamps, Grandville, Monnier, Philippon, etc., quarante pièces en noir et en couleur.

278 — **Caricatures** politiques, vingt-deux pièces.

279 — **Cassini**. — Vases antiques, trépied, treize pièces.

280 — **Cauvet**. — Vases, neuf pièces.

281 — **Cauvet**. — Titres et ornements divers, neuf pièces.

282 — **Challe** (d'après). — Les Appas multipliés, par Dennel. Belle épreuve.

283 — **Cochin**. — Pompes funèbres de Marie-Thérèse d'Autriche et de Philippe de France, trois pièces.

284 — **Collaert**. — Plat d'orfèvrerie avec figures de poissons.

285 — **Collot**. — Cheminées et autel, six pièces.

286 — **Couché**. — Quarante-quatre planches tirées de la galerie du Palais-Royal. Très belles épreuves, toutes marges.

287 — **Cuvillier**. — Panneaux de décoration, deux pièces.

288 — **Davi de Chavigné et Touzé** (d'après). — Fontaine des Muses, — Monument projeté à la gloire de Louis XVI, — Vue d'un riche monument à élever à la gloire de Louis XVI, quatre pièces dont une double avant la lettre.

289 — **Delafosse**. — Flambeaux, chaires à prêcher, baignoires, chapelle, gaine, frises, écusson, socle, etc., vingt pièces.

290 — Trophées divers, vingt-cinq pièces.

291 — Trophées de chasse et de pêche, — Attributs pastoraux et autres, — Trophées militaires, vingt-quatre pièces. Belles épreuves.

292 — **De la Joue**. — Dessus de portes, les Saisons, trophées, écussons, etc., quinze pièces.

293 — **Delaune**. — Combat grotesque, frise.

294 — **Demarteau**. — Premier livre de dessins au crayon, dessiné par Girard, sculpteur et professeur pour l'ornement, six pièces avec marges.

295 — Second livre de leçons d'ornement dans le goût du crayon, six pièces avec marge.

296 — Troisième livre de leçons d'ornements dans le goût du crayon, six pièces avec marges.

297 — Quatrième livre d'ornement dans le goût du crayon, six pièces, avec marge.

298 — Sixième livre de leçon d'ornement dans le goût du crayon, dessiné par Girard, sculpteur pour l'ornement, six pièces avec marges.

299 — Autre suite d'ornements dans le goût du crayon, suite de six pièces. Très belles épreuves marges.

300 — Trophées et sujets d'animaux, six pièces à la sanguine.

301 — Ornements, d'après Girard, cinq pièces.

302 — **Dentwett**. — Les Saisons, représentées par de riches meubles, des vases, de figures et des ornements, six pièces.

303 — **Dieterlin**. — Ornements d'architecture. Dix pièces.

304 — **Divers**. — Sujets divers, par Hondius, Cort, Collaert, Spranger, Cortone, Poilly, Pariseau, Cochin, etc, trente-deux pièces.

305 — Portraits d'empereurs romains, sujets religieux, etc., douze pièces.

306 — Autels, chaises à prêcher, orgues, intérieurs d'église, par Deneufforge, Blondel, Cannue, etc., vingt-cinq pièces.

307 — Écussons et ornements divers, onze pièces, par Feichtmeir, Gottfried, Grendel, etc.

308 — Trophées militaires, par divers artistes des xviie et xviiie siècles, onze pièces.

309 — Animaux et paysages, xviiie siècle, seize pièces.

310 — Frises d'ornements, par divers artistes du xviiiᵉ siècle. Dix pièces.

311 — Architecture, portails d'église, etc., xviiiᵉ siècle. Quinze pièces.

312 — Riches tombeaux, architecture et ornements du xviiᵉ siècle. Quatre pièces.

313 — Le roi David, — Chaire à prêcher, — Portrait, trois pièces, par Gotz Wachsmuth et Klauber.

314 — Frontispices des xviiᵉ et xviiiᵉ siècles, figures et ornements divers, dix pièces.

315 — Les quatre Saisons. — Tête de vieillard. — La Jeune Maman, — Les Amants satisfaits, etc, huit pièces imprimées en noir et en couleur.

316 — Fontaines, huit pièces.

317 — Dessins d'orfèvrerie, par Delarue, Germain et Lucotte, six pièces.

318 — Sous ce numéro sera vendu un portefeuille contenant environ cent gravures diverses.

319 — Panneaux et frises décoratives, style Louis XVI, seize pièces.

320 — Cuirs, cartouches, écussons, emblèmes avec figures et ornements du xviiᵉ siècle, vingt-et-une pièces.

321 — Cartels, écussons, armoiries, adresses, etc., du xviiᵉ et xviiiᵉ siècle, quarante-et-une pièces.

322 — Vignettes, figures et ornements, quatre-vingt-dix pièces.

323 — Titres gravés sur bois xviᵉ siècle, quatre pièces.

324 — Un portefeuille contenant cent dix pièces, ornements et monuments d'architecture, photographies, etc.

325 — Un portefeuille contenant quatre-vingt-deux pièces ornements, par Mitelli, Lajoue, Babel, Saly, Vauquer, Queverdo, etc.

326 — Un portefeuille renfermant environ cinq cent quatre-vingt pièces de typographie, de différents styles, gravées

sur bois, lettres ornées, culs-de-lampe, etc. Pourra être divisé.

327 — Un carton renfermant environ cent cinquante pièces ornements de toutes les époques, en épreuves modernes.

328 — Lithographies, d'après les terres cuites du musée Campana, trente-huit pièces.

329 — Ornements divers, fontaines, mausolées, architecture, par Leblond, Will, le Canu, Legeay, Pelletier, Guiard et autres, quatre-vingt-quinze pièces.

330 — Armes et armures anciennes. Reproductions modernes, quatre-vingt-dix pièces.

331 — Cent dix pièces diverses, par Varin, Riester, Metzmacher et autres.

332 — Sujets religieux des xviie et xviiie siècles, vingt-cinq pièces.

333 — Meubles et armes du moyen âge, publications Hauser et autres, cinquante-huit pièces.

334 — Trente-trois livraisons de l'art pour tous.

335 — Combat à l'épée à deux mains. — Minerve et autres figures décoratives dans des niches, etc. Quatre pièces.

336 — Titres et ornements divers, par de Neufforge et Mariette. — huit pièces.

336 *bis*. — Paysages, quarante-trois pièces.

337 — **Ducerceau**. — Partie d'un volume de son architecture.

338 — **Ducerceau, Poilly, Charmeton**. — Arabesques, frises, frontons, vingt-cinq pièces.

339 — **Ducerceau et Decker**. — Arcs de triomphe et décorations pour plafonds, dix pièces.

340 — **Dumont le Romain**. — Livre de nouveaux trophez, inventez par J. Dumont le Romain. . et gravés par J. F. Blondel, sept pièces.

341 — **Durer**. — Saint Jérôme dans sa cellule.

341 *bis.* — **Eaux-fortes** modernes, d'après le Campagnola
Rosalba, Delacroix, Feyen-Perrin, H. Regnault, Zama-
coïs et autres. Douze pièces avant la lettre.

342 — **Ecole française** xviiiᵉ siècle. — Minet aux aguets.
Le Réfractaire amoureux. — Jeux d'enfants, vignettes
pour les contes de La Fontaine, trente pièces par De-
bucourt. Saint-Aubin, Delarue et Romyn de Hooghe.

343 — **Ecole allemande** xvᵉ siècle. — La Vierge sur un
croissant. — Jésus apparaissant à saint Thomas, deux
pièces gravées sur bois, la première, très rare.

344 — **Fordrin et Lamour.** — Grilles et balcons. Trois
pièces.

345 — **Forty.** — Calice, chenets, lustre, pendule, saint-
ciboire, vases, dix pièces.

345 *bis.* **Fragonard** (d'après). — Sacrifice de Callirhoé, —
Le Serment d'amour, deux pièces gravées, par David et
N. de Launay.

346 — **Fridrich.** — Petits écussons, figures et ornements,
style Louis XIV, treize pièces.

347 — **Ghisi** (G.). — La Victoire.

348 — Les Troyens repoussant les Grecs, d'après Jules Romain.

349 — **Gillot.** — Vignettes pour les fables de Lamotte, costumes de théâtre, seize pièces.

350 — **Goltzius.** — Coridon et Silvia. — Sujets de la Passion,
trois pièces.

351 — **Gotz.** — Les Sens. — Les vices et les vertus, panneaux de décoration, etc., dix-neuf pièces.

352 — **Greuze** (d'après). — Le Tendre désir, gravé par C.
Belle épreuve.

353 — **Guelard.** — Convention d'un membre de l'Académie
de Saint-Luc, 1759. — Dédicace à M. de l'Orme, deux
pièces.

354 — **Haberman.** — Cheminées, meubles et ornements
divers, sept pièces.

355 — **Holbein**. — Titres gravés sur bois, deux pièces.

356 — **Hopfer** (L.). — Montant d'ornements. Deux épreuves.

357 — **Hopfer** (D.). — Fête de village, en deux pièces, dont nous n'avons que la partie droite.

358 — Trois feuilles contenant chacune trois guerriers bardés de fer.

359 — Un Médaillon de César, avec ornement. — Trois panneaux d'ornements. — Un vase, trois pièces.

360 — Une plante d'acchante, formant un entrelacs d'ornements.

361 — La Vierge assise, ayant sur ses genoux l'Enfant Jésus qui est adoré par une sainte. Epreuve avant le numéro.

362 — Un meuble très riche. — Trois fontaines, sur une même feuille, deux pièces.

363 — Intérieur d'Église.

364 — **Huet** (d'après J. B.). — Singeries de la vie humaine. — Trophée de chasse, six pièces.

365 — Amours et Trophées, quatorze pièces imprimées à la sanguine.

366 — Titres et ornements, neuf pièces.

367 — Chevaux. Deux pièces en couleurs. Belles épreuves.

368 — **Jacques, Marvy**, etc. — Sujets divers, gravés à l'eau-forte, trente-huit pièces.

368 *bis*. — **Kolb**. — Paysage, gravé à l'eau-forte.

369 — **Kusel** (M.). — Décorations théâtrales, d'après Burnacini, dix pièces.

370 — **Lafreri** (Ant.). — Trophées militaires, et autres, dix pièces.

371 — **Lasinio**. — Arabesques et grotesques, dix-neuf pièces.

372 — **Lavreince** (d'après). — Les Nymphes scrupuleuses, gravé par Vidal. Très belle épreuve.

373 — Le Directeur des toilettes, gravé par Voyez l'aîné. Belle épreuve.

374 — **Lazare de Baif.** — Trois vases gravés sur bois, avec texte au verso.

375 — **Lepautre.** — Portiques et décorations en treillage, exécutés dans les jardins de Chantilly, Versailles, etc., dix-neuf pièces.

376 — Alcôves, corniches, frises, plafonds, chaires à prêcher, etc.; cinquante-deux pièces.

377 — Cheminées, vases, portes, fenêtres, frises, etc., vingt-neuf pièces.

378 — Piliers en coquillages ancienne grotte d'Apollon à Versailles, quatre pièces.

378 *bis* — **Lepautre et Nanteuil.** — Triomphe médallique à la mémoire du comte de Rostaing. — Portrait de Colbert au milieu de figures allégoriques pour le haut d'une thèse, deux pièces.

379 — **Leyde** (L. de). Une composition d'ornements (D. 161).

380 — Enfants dans des ornements (B. 171).

381 — **Lithographies** par Bellanger Johannot, Boulanger, L. Robert, Decamps, treize pièces.

382 — **Loir.** — Suite de douze panneaux décoratifs ornements et enfants, douze pièces.

383 — Suite de panneaux de décoration, ornements et figures, douze pièces.

384 — Suite de panneaux de décoration, figures et ornements, douze pièces.

385 — **Maître au dé.** — Un fleuve.

386 — **Maître au monogramme N. L. V. M.** — Chapiteau. Belle épreuve.

387 — **Maître L. G.** xviie **siècle.** — Sujets évangéliques, trente-quatre pièces.

388 — **Maître allemand du** xviie. — Meubles et détails pour meubles, trente-une pièces.

389 — **Marillier.** — Chiffre de fleurs enlacées.

390 — **Marot** (Daniel). — Architecture et ornement, six feuilles.

391 — **Marot** (J.). — Titres, autels et églises, vingt-cinq pièces.

392 — Vases, chapiteaux, cheminées et fontaine, seize pièces.

393 — **Marot.** (D. et J.). — Arcs de triomphe, fêtes, portes, cheminées et panneaux de décoration, quinze pièces.

394 — **Martinet.** — Paysages avec figures, deux pièces.

395 — **Martin de Vos, Sadeler**, etc. — Les Eléments, — Jésus et la femme adultère, — L'Annonciation d'après le Tintoret, saint Jérôme d'après Palma, douze pièces.

396 — **Meissonier.** — Motifs d'architecture ornementale, deux pièces.

397 — **Mignard et Lebrun.** — Plafond des petits appartements de Versailles, arc de triomphe, fontaines de Neptune, etc., sept pièces.

398 — **Mitelli.** — Écussons, titre, frise, douze pièces.

399 — **Mondon.** — Deuxième livre de formes rocaille et cartels avec figures de modes, sept pièces avec marges.

400 — **Mondon.** — Écussons, trophées et ornements divers, 9 pièces.

401 — **Nilson.** — Portrait de Marie-Thérèse, portes, cascades, grotte, pendule, etc., quatorze pièces.

402 — **Norblin.** — Un Rabbin dans un temple. Eau-forte.

403 — **Oppenor.** — Intérieur avec grand cartel.

403 bis — **Oudry.** — La Chasse au chevreuil.

404 — **Petitot** (d'après). — Titre pour une suite de gravures exécutées à Parne.

405 — **Peyron et Dossi.** — Trois gravures en couleur pour les œuvres de Montesquieu, — Les regrets inutiles, — gravures anglaises, etc., onze pièces en couleur. Belles épreuves.

406 — **Piranesi**. — Cheminées, vases, trépieds, riche architecture, etc., vingt-quatre pièces.

407 — **Photographies**. D'après Ducerceau Gillot, Délafosse, Salembier, etc., cinquante-trois pièces.

408 — **Photographies** d'après nature, guerre de Crimée, siège de Sébastopol, etc., trente-quatre pièces.

409 — **Polydore de Caravage**. — Vases et trophées, huit pièces.

410 — Grands vases, suite de trophées et vases, seize pièces.

411 — Vases et trophées, onze pièces.

412 — **Portraits** des XVI° XVII° et XVIII° siècles, cent soixante-treize pièces.

413 — **Portraits** allemands divers, vingt et une pièces.

414 — **Portraits** de personnages allemands du XVI° siècle, 35 pièces.

415 — **Portraits** allemands des XVI° XVII° et XVIII° siècle, cent cinq pièces.

416 — **Portraits** allemands, par B. Vogel, — Kenkel, — Muller, Hard, etc., dix-sept pièces.

417 — **Portraits** divers, gravures et lithographies, soixante-quatre pièces.

418 — **Portraits** d'artistes, par Boulonois, seize pièces avec texte au verso.

419 — **Portraits** des XVI° XVII° et XVIII° siècle, cent soixante-treize pièces.

420 — **Portraits** divers, gravés, lithographiés et sur bois, quatre-vingt-quatre pièces.

421 — **Prud'hon** (d'après). — Trois gravures in-4, gravées par Roger, pour Daphnis et Chloë.

422 — Phrosine et Mélidor.

423 — **Puschner** (G).. — Grand dessin d'un lustre en cristal de roche XVII° siècle.

424 — **Ranson**. — Vingtième cahier de son œuvre, fleurs pour fauteuils, etc., six pièces.

425 — **Ranson**. — Fleurs et attributs divers, huit pièces.

426 — **Raphaël** (d'après). Les Heures, huit pièces gouachées.

427 — **Raphael** (d'après). — Ornements des loges de Raphael, cinq pièces.

428 — **Riester**. — Portrait de Riester et cinq planches inédites, signées.

429 — **Sadeler**. — Le Calvaire, — La mise au tombeau, etc. trois pièces.

430 — **Sadeler**. — Vases d'orfèvrerie avec bouquets de fleurs, — Enlacements de lettres, caprices de l'esprit et autres, onze pièces.

431 — **Sadeler**. — L'Astronomie, La Rhétorique, — Sobriété, etc., neuf pièces avec entourages ornementés.

432 — **Saint-Aubin** (A. de). — Comptez sur mes serments. — Au moins, soyez discret; deux pièces. Très belles épreuves, marges.

433 — **Salembier**. — Ornements frises, trois pièces.

434 — **Schubart-Ehrenberg** (P.). — Arcs de triomphe à la gloire de l'empereur Charles VI, onze pièces dont un titre.

435 — **Solis** (V.). — Portraits des rois de France de puis Pharamond à Henri III, très beaux entourages figures et ornements, bois, marque d'imprimeur, etc., cinquante-quatre pièces.

436 — **Thomas**. — Scènes de la vie italienne, tirées de : un an à Rome, par Thomas, soixante-dix pièces.

437 — **Toro**. — Deux titres, deux ornements à figures, deux écussons, six pièces.

438 — **Vauquer**. — Bouquets de fleurs, vingt-quatre pièces.

439 — **Vénitien** (Aug.). — Vases et chimères, vingt et une pièces.

440 — **Vernet** (H.). — En-tête de page pour lettre d'invitation d'un banquet, 1820.

441 — **Vico**. — Vases, deux pièces.

VIGNETTES (SUITES DE) **POUR ILLUSTRATION**

442 — **Anonyme.** — Suite de trente-trois gravures in-8, et un portrait, gravés à l'eau-forte, pour les œuvres de Corneille, sans noms d'artistes. Belles épreuves.

443 — **Boissard et Boucher.** — Vignettes in-8 pour les œuvres de Molière, vingt-cinq pièces.

444 — **Chasselat.** — Vignettes et portraits, gravés par Dequevauviller et autres pour les œuvres de Molière. Environ cent soixante-quinze pièces.

445 — **Chasselat.** — Suite de sept gravures in-18 gravées par Bonvoisin et un portrait gravé par Dequevauviller pour les œuvres de Molière. Très belles épreuves.

446 — **Coiny.** — Vignettes in-18, pour les fables de Florian, vingt-deux pièces.

447 — **Desenne.** — Douze vignettes in-18 pour Psyché et le Théâtre. Épreuves avant la lettre.

448 — **Desenne.** — Suite de dix-huit gravures in-8, pour les œuvres de Molière. Belles épreuves.

449 — **Desenne.** — Quatre vignettes in-18 pour Manon Lescaut, publiées dans la bibliothèque française, environ deux cents épreuves avant la lettre de ces quatre pièces.

450 — **Desenne.** — Vignettes, in-18, à claire-voie pour les œuvres de Mme Cottin, quatorze pièces.

451 — **Devéria.** — Douze gravures in-8, dont deux portraits, pour les œuvres de Rabelais. Bonnes épreuves sur chine.

452 — **Deveria.** — Suite complète de douze gravures in-8, pour les œuvres de Rabelais, édition Dalibon, — plus six pièces d'après le même artiste, pour Don Quichotte. En tout dix-huit pièces. Belles épreuves avant la lettre.

453 — **Divers.** — Vignettes in-8 et in-18, d'après Moreau, Desenne, pour les œuvres de Rousseau, Demoustier, les contes de La Fontaine, portraits divers, etc. Cent trente-

quatre pièces, plusieurs sont avant la lettre ou à l'eau-
forte.

454 — Suite de quinze gravures in-8, pour les œuvres de Ber-
nardin de Saint-Pierre, d'après Laffitte, Desenne, Moreau
Isabey, etc. — Autre suite de neuf gravures in-18, à claire-
voie, d'après Corboul, pour Paul et Virginie et la Chau-
mière indienne, en tout vingt-quatre pièces.

455 — Vignettes d'après Eisen, Desrais, Desenne, Cho-
quet, Chasselat, Duclos, Marillier, Monet, pour illustra-
tion de divers ouvrages, environ, deux cent vingt pièces.

456 — Vignettes in-8, à claire-voie, pour les œuvres de De-
lille. Belles épreuves avant la lettre.

457 — Vignettes in-18, d'après Monet, Sergent, Duplessis-
Bertaux, Desenne et Marillier, pour les contes de La Fontaine, trente-six pièces.

458 — Deux cent soixante-deux pièces pour le nouveau Testament.

459 — **Eisen**. — Trois vignettes en-tête de pages, gravées
par Sornique et Aveline, pour la Pipe cassée, de Vadé,
épreuves imprimées en rouge.

460 — **Grandville**. — Les Fleurs animées, vingt-quatre
pièces coloriées.

461 — **Hersent, Vernet, Roehn et Chocquet**. —
Vignettes in-8, pour les œuvres de Boileau, édition de
Saint-Surin, quatre-vingt-quatre pièces. Belles épreuves.

462 — **Hopwood**. — Portrait de J.-J. Rousseau, in-18,
avant la lettre, environ deux cents épreuves.

463 — **Johannot** (Tony et Alfred). — Vignettes in-8, pour
les œuvres de Gœthe, Walter Scott, Chateaubriand, Vol-
taire, Boileau, etc., soixante-dix-neuf pièces. Belles
épreuves.

464 — **Jollain**. — Quatre vignettes et un titre in-8, pour des
Mémoires turcs.

465 — **Jourdan**. — Suite de trente-deux gravures in-8,
d'après Coypel, pour Don Quichotte. Epreuves imprimées
à deux sur une même feuille.

466 — **Lami et Rouargue**, etc. (d'après). — Vues de Paris, de France, et étrangères. Cent cinquante pièces. Belles épreuves.

467 — **Lebarbier** (d'après). — Douze vignettes et médailles, pour les Idylles de Théocrite.

468 — Une vignette in-18, d'après Lebarbier, gravée par Villeray, pour Aristonous. Cette pièce peut s'ajouter comme complément à la suite de Lefèvre. Cent onze épreuves avant la lettre, toutes marges.

469 — **Lefèvre** (d'après). — Suite complète de vingt-quatre gravures in-18, pour les Aventures de Télémaque. Paris, Didot l'aîné, 1796. Très belles épreuves, grandes marges.

470 — Vingt et une pièces doubles de la suite précédente. Très rares et belles épreuves avant la lettre, marges.

471 — Sous ce numéro il sera vendu un lot de vignettes dépareillées de la suite précédente.

472 — **Marillier**. — Suite de douze vignettes in-18, par divers graveurs, pour les Idylles de Berquin. Epreuves avant la lettre.

473 — **Monsiau et Moreau**. — Vingt-deux vignettes in-8, d'après Monsiau, Monnet, Marillier et Moreau, dont un portrait gravé par Gaucher, pour la Pucelle. Belles épreuves.

474 — **Moreau**. — Vignettes in-8, pour les œuvres de La Fontaine, 1814, de Crébillon, et Histoire de la maison de Bourbon, etc., vingt-huit pièces. Très belles épreuves, dont sept avant la lettre.

475 — Vignettes in-8, pour les œuvres de Molière, première suite. Dix pièces avant la lettre, tirage postérieur.

476 — Vignettes in-8 et in-18, pour les œuvres de Virgile, La Fontaine, les Lettres à Emilie sur la mythologie, etc. Soixante-trois pièces, dont une à l'état d'eau-forte.

477 — Suite complète de six gravures in-8, pour le Lutrin, plus le portrait de Boileau, gravé par Dien, d'après Rigaud. Sept pièces.

478 — Vignettes in-8, par divers graveurs, pour les œuvres de Gessner, trente-six pièces. Belles épreuves.

479 — **Moreau et Cochin.** — Frontispice, d'après Cochin et vingt-deux figures in-18, d'après Moreau, gravées par Lorieux, pour Emile et la Nouvelle Héloïse. Belles épreuves.

480 — **Pasquier.** — Trois gravures in-8, gravées à l'eauforte, pour Manon Lescaut, plus quatre figures in-18, d'après Desenne, pour le même livre, publiées dans la bibliothèque française, sept pièces.

481 — **Raffet, Grenier, Bellanger, Johannot, Charlet**, etc. — Suite de cent quatre vignettes in-18, à clairevoie, pour les œuvres de Béranger, publiées par Perrotin, — plus vingt-quatre figures, d'après Grandville, gravées sur bois, pour les œuvres du même auteur, en tout cent vingt-huit pièces.

482 — **Saint-Aubin** (Aug. de). — Portrait de Crébillon, in-8 en buste. Très-belle épreuve avec la tablette blanche, dix-neuf épreuves.

483 — **Simon et Coiny.** — Figures pour les Fables de La Fontaine, vingt-quatre pièces et un titre.

484 — **Wachsmuth, Holzer.** — Panneaux de décoration, ornements et figures, quatre pièces.

485 — **Watteau** (Ant.). Les Plaisirs d'Arlequin. — Le Théâtre italien. — Le Concert italien. — Finette. — L'Indiscret.—Homme debout, gravé par Watteau, huit pièces.

486 — Divinité chinoise. — Empereur chinois. — Le Galant, trophée et ornement, six pièces.

487 — **Vinsac.** — Orfèvrerie Louis XVI, flambeaux, candélabres, etc, sept pièces.

488 — **Vischer** (C.). — Tête de femme, d'après le Parmesan. Belle épreuve.

489 — **Vues** de Paris et de France, vues de Londres et d'Angleterre et de divers pays, en gravure et lithographie, soixante-douze pièes.

DESSINS

490 — **Anonyme italien.** — Etude de deux figures nues.
Au crayon noir.

491 — **Anonyme** xvie siècle. — Armoiries. — Figures et architecture.
Deux dessins à la plume, un est rehaussé d'aquarelle.

492 — **Anonyme** xviie siècle. — Moitié d'un riche plafond.
A la plume et encre de Chine.

493 — **Anonyme** xviiie siècle. — Riche composition avec figures, pour un plafond.
A la plume et lavis d'encre de Chine.

494 — **Anonyme** — Paysages.
Trois dessins à la sanguine et au lavis d'encre de Chine.

495 — **Bibiena.** — Motif de plafond.
A la plume et lavis de bistre, rehaussé de blanc.

496 — **Boucher.** — Jeune paysan marchant.
Au crayon noir.

497 — **Boucher?** — Surtout de table Louis XV.
Au lavis d'encre de Chine.

498 — **Carrache.** (An.)? — Figure de la galerie Farnèse.
Au crayon noir.

499 — **Chiaruttini.** — Motifs d'architecture.
Trois dessins à la plume et lavis d'encre de Chine.

500 — **Cuvillier.** — Grand panneau décoratif.
Au crayon noir.

501 — **Delafosse.** (C.) — Trophées et frises.
Neuf dessins au lavis d'encre de Chine, une des frises est rehaussée d'aquarelle. Les dessins de trophées ont été gravés dans l'œuvre du maître.

502 — Poêle en faïence.
Beau dessin à la plume et lavis de bistre.

503 — **Divers.** — Figures au crayon rouge et noir, à l'encre de Chine et aquarelle, vingt-six pièces.

504 — Paysages.

Trente dessins.

505 — Tête de Niobé, — Jeune fille assise, — Paysage, — Jeune mère, — Tête de Jupiter Olympien, — Croquis de chevaux, etc.

Huit dessins au crayon noir, sanguine et sépia.

506 — Paysages Italiens, — Diane et ses nymphes, figures d'après le Carrache, Michel-Ange, — Tête d'homme d'après Le Brun.

Onze dessins aux divers crayons.

507 — Paysages et figures.

Douze dessins à la sanguine, par An. Carrache, Dantzer, Breenberg, Genœls, etc.

508 — **Van Dyck** (d'après). — Portrait d'homme.

Sanguine.

509 — **Ecole de Fontainebleau.** — Un brûle-parfums, pièce d'orfèvrerie.

A la plume et lavis de bistre.

510 — **Ecole Romaine** xvii°. — Cartouche avec figures.

A la plume et lavis de bistre.

511 — **Ecole Italienne** xvii°. — Deux figures sur voussures.

A la plume et lavis de bistre, rehaussé de blanc.

512 — **Ecole Française du** xviii° siècle . — Figures décoratives.

Quatre dessins à la sanguine.

513 — Bouquets de fleurs.

Six dessins à l'aquarelle.

514 — Christ au tombeau, dessin pour un autel

A la plume et lavis d'encre de Chine.

515 — Portrait d'homme.

Aux trois crayons.

516 — Saint Pierre, — Tête de saint Jean, — Tête de jeune homme.

> Trois dessins aux divers crayons.

517 — Porte monumentale, style Louis XVI.

> A la plume et lavis d'encre de Chine.

518 — Groupe de Dauphins, — Trophée, — Projet de tombeau.

> Trois dessins à la sanguine et encre de Chine.

519 — Frise antique.

> Contre-épreuve d'un dessin au crayon rouge.

520 — Statue d'évêque.

> Au crayon noir.

521 — Trophée de musique, embase de colonne, groupe de Paons.

> Quatre dessins à l'encre.

522 — Projet de tombeau.

> A la plume et sanguine.

523 — **Feuchère**. — Enlèvement des Sabines.

> Sous verre.

524 — **Forty**. — Bras de lumière.

> Beau dessin à la plume et lavis d'encre de Chine et de bistre. A été gravé dans l'œuvre du maître.

525 — Ostensoir.

> Beau dessin au lavis d'encre de Chine.

526 — **Fragonard**. — Paysages Italiens, — Etude d'arbre.

> Trois dessins à la sanguine.

527 — Paysage.

> Sanguine.

528 — **Gabriel ?** — Intérieur de Galerie avec colonnade.

> A la plume et lavis d'encre de Chine.

529 — **Gavarni**. — Etudes de Têtes.

> A la plume.

530 — Le Bouquineur.

> A la plume.

531 — **Huet**. — Quatre trophées pastoraux sur une même feuille.

> A la plume et lavis d'encre de Chine.

532 — Chute de gibier.
>Sanguine.

533 — **Latour.** — Jeune femme debout.
>Etude aux deux crayons.

534 — **Lepautre** (J). — Trophée avec figures, gravé dans son œuvre.
>A la plume et lavis d'encre de Chine.

535 — Trophée.
>A la plume et encre de Chine.

536 — **Maître Italien** xvie. — Quart d'un plat, décor Urbino.
>A la plume.

537 — **Marot** (J)? — Décoration d'un plafond.
>Au lavis d'encre de Chine et d'aquarelle.

538 — **Moitte.** — Bas-relief.
>A la plume.

539 — Un rémouleur.
>A la sanguine.

540 — **Moucheron.** — Motif d'architecture.
>Au lavis d'encre de Chine.

541 — **Oppenor.** — Fontaine aux armes du roi et de la ville de Paris.
>Sanguine.

542 — Deux consoles sur une même feuille.
>A la plume et lavis d'encre rouge.

543 — **Percier et Fontaine.** — Cheminée garnie de ses bronzes.
>Aquarelle.

544 — **Perino del Vaga.** — Figure de femme, pour gaine.
>Aux crayons noir et blanc.

545 — Vases richement ornementés.
>Deux dessins à la plume et lavis d'encre de Chine.

546 — **Piranesi.** — Motif d'architecture romaine pour décoration théâtrale.
>A la plume et lavis de sépia et d'aquarelle.

547 — **Pons.** — Vase en porphyre, monture bronze, style Louis XVI.
> Au lavis d'encre de Chine.

548 — **Puget** (P). Hercule.
> A la sanguine.

549 — **Quillien.** — Motif d'architecture avec colonnade.
> Au lavis d'encre de Chine et d'aquarelle.

550 — **Ranson.** — **Recueil** de trente-quatre dessins de meubles, lits, croisées, alcôves, fauteuils, etc., dessins coloriés reliés en 1 vol. in-fol., demi-rel. mar. brun.

551 — **Recueil** très curieux de dessins anciens Japonais, représentant une suite de scènes se passant dans un riche palais, avec texte. Dessins des plus finement exécutés.

552 — **Peintures Japonaises.** — 1 vol. in-fol., fig. en couleur.

553 — **Recueil** de vases et bijoux du xvɪᵉ siècle. Trente-neuf dessins sur papier calque, en 1 vol. in-fol. demi-rel., mar. vert. dos et coins.

554 — **Reni** (Guido). — Saint Jérôme.
> A la sanguine.

555 — **Roqueplan** (Camille). — Les amants surpris.
> A la sépia.

556 — **Salembier.** — Grand Cartel.
> A la sanguine.

557 — **Salvator Rosa.** — Paysage.
> Sanguine.

558 — **Servandoni.** — Riche portique d'architecture.
> Beau dessin au lavis d'encre de Chine.

559 — **Vanloo.** — Figures décoratives et académies d'homme.
> Quatre dessins à la sanguine.

560 — **Sous** ce numéro seront vendus quelques dessins et estampes non catalogués.

Paris. — Typ. PILLET et DUMOULIN, 5, rue des Grands-Augustins.

www.ingramcontent.com/pod-product-compliance
Ingram Content Group UK Ltd.
Pitfield, Milton Keynes, MK11 3LW, UK
UKHW020028080726
13614UKWH00004B/1617